JACQUES BALMAT

LE PREMIER GUIDE AU MONT-BLANC

———⋆⋆⋆———

NOTICE BIOGRAPHIQUE

AVEC PORTRAIT AUTHENTIQUE

———

PUBLIÉE A L'OCCASION
DE L'INAUGURATION DU MONUMENT
CONSACRÉ A SA MÉMOIRE
SUR L'INITIATIVE DE LA SOCIÉTÉ GÉOGRAPHIQUE
DE FRANCE

LE 10 AOUT 1878

———

ANNECY
A. PERRISSIN ET Cie, IMPRIMEURS-ÉDITEURS
—
1878

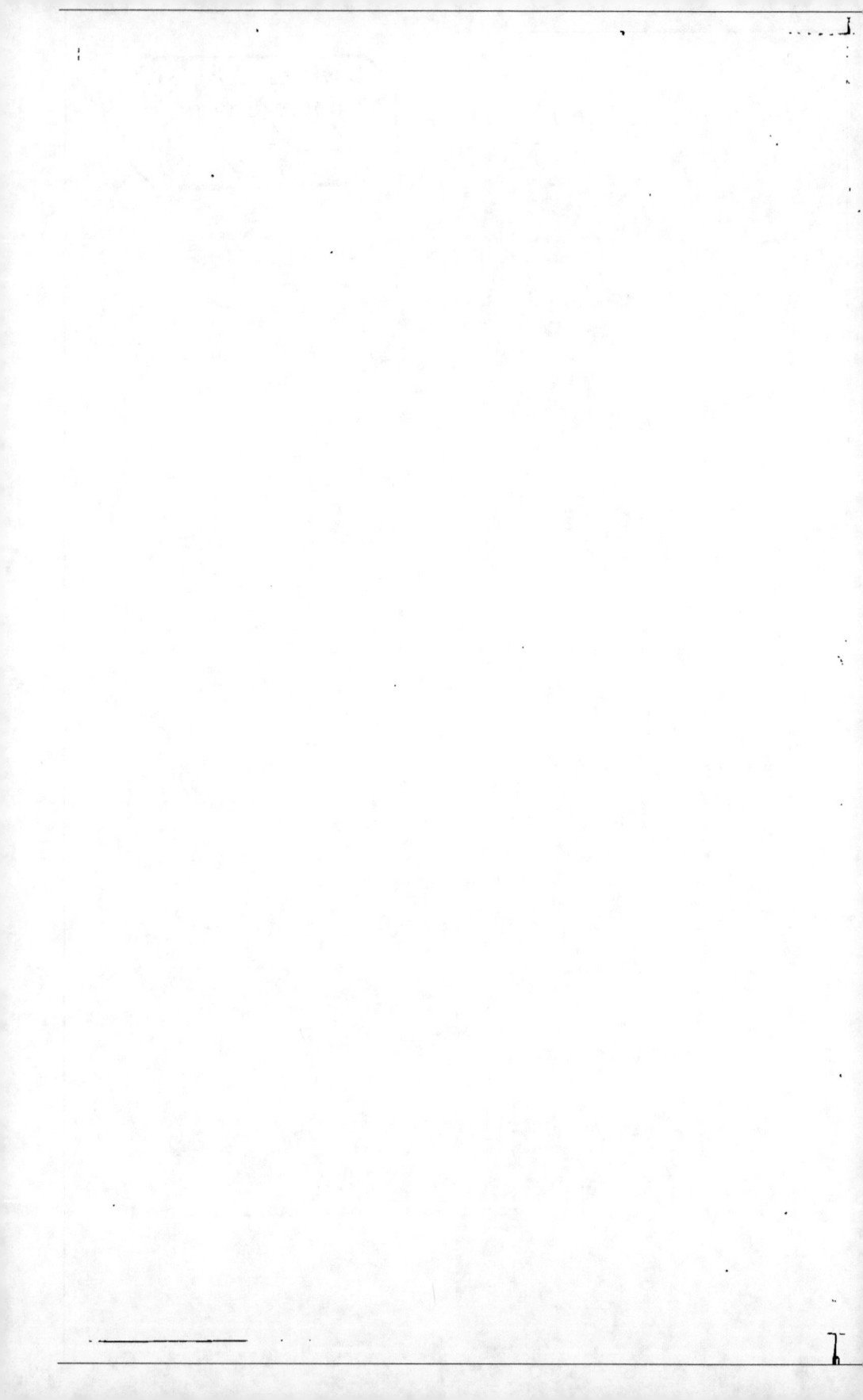

JACQUES BALMAT

PREMIER GUIDE AU MONT-BLANC

NOTICE BIOGRAPHIQUE

JACQUES BALMAT

JACQUES BALMAT

LE PREMIER GUIDE AU MONT-BLANC

———⚹———

NOTICE BIOGRAPHIQUE

AVEC PORTRAIT AUTHENTIQUE

———

PUBLIÉE A L'OCCASION
DE L'INAUGURATION DU MONUMENT
CONSACRÉ A SA MÉMOIRE
SUR L'INITIATIVE DE LA SOCIÉTÉ GÉOGRAPHIQUE
DE FRANCE

LE 10 AOUT 1878

———

ANNECY
A. PERRISSIN ET Cⁱᵉ, IMPRIMEURS-ÉDITEURS
——
1878

AVANT-PROPOS DES ÉDITEURS.

—

Le vent est aux Centenaires et c'est un centenaire, à peu d'années près (1), que vient célébrer à Chamonix la Société géologique de France. Elle a pris l'honorable initiative de faire ériger un monument à Jacques Balmat, au guide célèbre qui a trouvé le premier une route pour gravir le colosse alpestre.

Les imprimeurs du journal *Le Mont-Blanc* qui se sont donnés la mission de répandre tous les faits importants se rattachant à la célèbre montagne, ne pouvaient pas rester indifférents en présence de cette manifestation.

Voulant nous associer par les moyens dont nous disposons à ce légitime hommage, il nous a paru utile de reproduire et de grouper les plus intéressants détails biographiques publiés à diverses dates sur Jacques Balmat, une figure légendaire qui eut les honneurs d'un portrait exécuté par Horace Vernet et de récits intéressants de quelques épisodes de sa vie publiés par le plus illustre conteur du siècle, Alexandre Dumas père.

(1) Jacques Balmat, né en 1762, faisait sa première ascension en 1786.

Notre choix parmi les divers documents connus ne nous a pas embarrassé et c'est au plus récent historien du Mont-Blanc, M. Stéphen d'Arve, que nous les avons demandés.

C'est à son livre consciencieux (1) que nous avons emprunté les chapitres ayant trait à l'existence et aux exploits du guide célèbre, — détails biographiques racontés par un des témoins de sa vie.

L'auteur s'est associé à notre idée avec une bienveillance à laquelle il nous a depuis longtemps habitués et a bien voulu remanier à cette occasion ces chapitres de son livre en les encadrant de détails nouveaux des plus intéressants.

C'est ce travail que nous sommes heureux d'offrir à la Société géologique de France, en la remerciant d'avoir si puissamment contribué à honorer la mémoire d'un compatriote illustre, humble prédécesseur de Saussure, mais son auxiliaire le plus ardent dans ses efforts pour faire connaître la plus grandiose merveille de notre pittoresque Savoie.

Les Editeurs,

---

(1) Histoire du Mont-Blanc et de la vallée de Chamonix, ascensions et catastrophes célèbres par Stéphen d'Arve, préface par Francis Wey.

JACQUES BALMAT

DIT *MONT-BLANC*.

SA PREMIÈRE ASCENSION AVEC LE Dr PACCARD
LE 8 AOUT 1786.

I.

Le nom du hardi montagnard, du premier guide qui a associé sa renommée à celle de la célèbre montagne, est connu dans les deux mondes, mais les détails de cette carrière intéressante sont moins connus, c'est sur les documents les plus authentiques que nous allons la retracer.

L'obstination et l'audace de Jacques Balmat ont ouvert la route à M. de Saussure : les deux noms (c'est la gloire du plus modeste), associés au même combat, sont descendus inséparables de leur champ d'honneur.

Jacques Balmat est né en 1762, au village des Pellarins, que le touriste traverse lorsqu'il gravit les assises du Mont-Blanc par la rive droite du glacier des Bossons. Sa famille était une des plus aisées entre celles des cultivateurs-propriétaires de la contrée; il ne reçut pourtant qu'une éducation très élémentaire.

Sa première jeunesse fut employée aux soins des champs paternels, mais il ne négligeait aucune occasion d'aller rechercher des minéraux, qu'il vendait aux premiers étrangers qui, venant visiter la vallée, s'aventuraient sous la conduite de quelques montagnards sur les premières assises du Mont-Blanc.

Doué d'une imagination vive et d'un grand courage, il ne tarda pas à se faire préférer pour ces promenades à la base des glaciers et à acquérir, par suite de ses relations avec des gens instruits, des notions d'histoire naturelle et d'économie domestique.

On lui doit l'introduction dans la vallée des béliers mérinos. Ses fréquentes promenades avec MM. de Saussure, Doulomieu, Brochant, Cordieu et autres, firent naître en lui une telle passion pour les courses de montagnes, qu'elles devinrent sa plus chère et sa presque unique occupation. Jacques avait alors dix-huit ans.

Ce sont, on le voit, les chercheurs de cristaux qui devinrent les premiers guides : les chasseurs de chamois avaient eu peut-être de plus héroïques audaces ; mais les montagnards dévorés par cette autre passion ne sortirent pas de leur spécialité.

Jacques Balmat passait à juste titre pour le plus courageux et le plus entreprenant des chercheurs de cristaux et de plantes rares cachées dans les replis des roches.

L'ambition de se signaler par quelque exploit lui suggéra de tenter l'ascension du Mont-Blanc, réputée jusqu'alors inaccessible. Son courage était à la hauteur d'une entreprise qu'aucun étranger n'avait jusque-là demandé à tenter. Quelques guides avaient essayé de grimper jusqu'à la région des neiges éternelles ; mais la crainte de passer une nuit dans ces déserts glacés, l'épuisement des forces éprouvé par les premiers explorateurs, avaient mis ce projet au rang des utopies.

II.

Jacques Balmat avait, comme plusieurs de ses compagnons, tenté seul quelques essais. Il jugea que cette tâche était au-dessus du pouvoir d'un seul homme, et il se concerta avec un ami pour une sérieuse tentative. Cet ami était Marie Couttet. Ce guide devait jouer un grand rôle dans les ascensions futures; sa personnalité doit s'accuser dans ce récit.

Le plan arrêté entre Jacques Balmat et Marie Couttet fut de remonter le grand glacier du Tacul, beaucoup au-dessus du col du Géant, de tâcher d'atteindre et de traverser l'arête de rochers et de glaces qui le sépare de l'endroit appelé actuellement le Corridor, et de grimper par là sur les Rochers-Rouges. S'ils avaient pu effectuer ce trajet, la réussite était certaine; mais, après avoir dépassé la hauteur du col du Géant, ils durent sonder des neiges perfides qui recouvrent d'immenses crevasses; les pentes devenaient de plus en plus rapides et, à chaque pas, des gouffres effroyables les

forçaient à de grands détours. Arrivés enfin, exté-
nués de fatigues, au pied de l'arête, elle se trouva
infranchissable. Ils furent obligés de revenir sur
leurs pas. C'était un nouvel échec.

Dans le courant du mois d'août 1784, Jacques
Balmat ayant fait un voyage au Cramont, crut
qu'en remontant le glacier du Miage, au revers
méridional du Mont-Blanc, il serait possible de
gravir les pentes de neiges non interrompues que
l'on voit du col de la Seigne, en y taillant des pas,
et d'arriver par là au but. Mais ces pentes se
trouvèrent d'une telle inclinaison et si démesuré-
ment hautes, qu'il dut y renoncer.

Tant de fatigues et de dangers auraient rebuté
tout autre ; Jacques ne se découragea pas.

Dès le mois de juillet de l'année suivante, il s'a-
ventura seul par la montagne de la Côte, au sommet de laquelle il passa la nuit. Le lendemain, il
atteignit, vers 10 heures, les rochers des Grands-
Mulets, qui n'étaient point encore nommés alors,
et il s'avança en sondant jusqu'au Petit-Plateau,
quand une immense crevasse lui barra le passage.
Le jour était sur son déclin et les roulements pro-
longés du tonnerre, encore lointains, l'avertirent
que le temps était à l'orage, ce qui le força à
rétrograder en toute hâte, pour gagner son gîte
avant la nuit.

L'année précédente (1784), MM. de Saussure et Bourrit, sur les vagues données de quelques chasseurs de chamois, avaient essayé d'escalader l'aiguille du Goûté, croyant par ce passage arriver sur le Dôme et au Mont-Blanc ; mais après beaucoup de fatigues et quelques dangers, ils ne réussirent pas même à atteindre la moitié de la hauteur de cette aiguille, et durent redescendre à Bionnassay.

Cependant, Balmat n'était pas le seul guide qui désirât faire le premier l'ascension du Mont-Blanc, bien d'autres la tentèrent à plusieurs reprises, par des passages divers : je citerai Jean-Michel Cachat, dit le Géant, Pierre Balmat, François Paccard, Marie Couttet, Joseph Carrier (1) ; il y en eut d'autres, non moins courageux. Ceux que je viens de nommer se concertèrent pendant que Jacques Balmat entreprenait seul sa dernière exploration.

Pierre Balmat et Marie Couttet, qui avaient fait la première tentative avec MM. de Saussure et Bourrit, par Pierre-Ronde et l'aiguille du Goûté, devaient remonter dans cette direction, tandis que Jean-Michel Cachat, François Paccard et

(1) Père de celui de qui nous tenons tous les documents de cette notice.

Joseph Carrier graviraient par la montagne de la Côte.

Partis simultanément, ils devaient, s'il était possible, se rejoindre sur le Dôme. Jacques Balmat était à peine de retour chez lui, lorsqu'il apprit le départ de ces guides. Ne voulant être devancé par personne, il renouvelle ses provisions et repart pour rejoindre ses émules, ce qu'il fit à l'entrée du glacier, sous les Grands-Mulets.

L'arrivée d'un compétiteur ne parut pas plaire à tous ; de là un peu de froideur dans l'accueil qu'il reçut. Cependant, tous quatre s'acheminèrent contre le Grand-Plateau qu'ils atteignirent heureusement.

La crevasse qui avait arrêté Balmat avait pu être tournée. Du Grand-Plateau, il n'y avait pas de difficultés pour aller sur le Dôme ; la pente est douce et peu crevassée. Depuis plus de deux heures, ces guides étaient arrivés au point convenu, lorsqu'ils aperçurent leurs amis qui venaient enfin de gravir l'aiguille du Goûté et s'avançaient paisiblement vers eux. On tint conseil : les uns firent observer que le jour était trop avancé pour s'aventurer plus loin ; d'autres affirmèrent qu'il était encore possible de gagner l'arête qui joint le Dôme au Mont-Blanc, et la cime, le jour même. Jacques était de cet avis.

Ils s'acheminèrent donc vers cette arête ; mais à peine y étaient-ils engagés, qu'ils reconnurent l'impossibilité de l'escalader ; outre qu'elle était entrecoupée de crevasses, le sommet en est si aigu qu'on n'y pouvait tenir pied. Balmat seul voulut persister à aller en avant et dut, pour cela, se mettre à califourchon sur l'arête.

A la vue d'une si grande témérité, ses compagnons le laissèrent et rebroussèrent chemin vers Chamonix, où ils arrivèrent le lendemain.

Ayant persisté longtemps dans ses efforts, Balmat reconnut qu'il avait tenté l'impossible ; mais le retour était d'autant plus périlleux qu'il ne pouvait redescendre qu'à reculons.

Après la retraite de ses compagnons, Balmat redescendit au Grand-Plateau et résolut d'y passer la nuit, afin de poursuivre ses recherches le lendemain.

Je dois dire à ceux qui liront ces lignes et qui n'ont pas fait l'ascension du Mont-Blanc ce que c'est que le Grand-Plateau. Qu'on s'imagine un plan peu incliné de deux hectares environ, situé à 12,000 pieds au-dessus de la mer, balayé par de nombreuses avalanches de glace, dans presque toute son étendue, ouverte aux vents du nord et du nord-ouest, dominé des autres côtés par des montagnes immenses de glace et de neige, où l'on ne trouve ni un rocher ni même une pierre pour s'asseoir ou s'abriter, mais partout une neige épaisse que les vents font tourbillonner très souvent, et où le thermomètre centigrade marque zéro au soleil pendant les jours les plus chauds de l'été ; voilà ce que c'est que le Grand-Plateau.

Eh bien, c'est là que, sans couverture, n'ayant que son sac et son bâton, Balmat, racorni sur lui-même, voulut passer la nuit.

Quand on se représente cet homme perdu au milieu de ces vastes solitudes inconnues, n'ayant que son courage pour affronter d'aussi grands dangers, avec la certitude qu'aucun secours ne pouvait lui venir des hommes en cas de malheur, on reste confondu de surprise.

Pendant le jour, l'excitation de la marche, l'étrangeté des sites, l'espoir de réussir, font que le temps passe vite ; mais la nuit, accablé de fatigue, souvent sans provisions suffisantes, les pieds dans la neige, par une température de dix degrés au-dessous de zéro, et sans sommeil, les heures sont des siècles. Les craquements du glacier, le tonnerre prolongé des avalanches qui succèdent au silence de mort de ces hautes régions sont des sujets continus d'épouvante pour l'âme la mieux trempée.

« Enfin, dit Balmat, l'aube parut ; il était

« temps : j'étais gelé. Cependant, à force de me
« frictionner et de me livrer aux exercices d'une
« gymnastique ridicule, mes mouvements s'as-
« souplirent, et je pus reprendre le cours de mes
« explorations. J'avais cru remarquer, en des-
« cendant au Grand-Plateau, qu'à moitié de la
« descente, il se trouvait une pente rapide, à la
« vérité, mais pourtant accessible, qui conduisait
« droit sur le Rocher-Rouge, je me décidai à
« l'escalader. Arrivé là, elle se trouva si rapide
« et la neige si dure, que je ne pouvais m'y tenir.
« Cependant, en faisant des trous avec le fer de
« mon bâton, je réussis assez bien à m'y cram-
« ponner ; mais j'éprouvais une fatigue et une
« lassitude extrèmes.

« Ce n'était pas chose aisée, ni amusante,
« d'être ainsi suspendu, pour ainsi dire, sur une
« jambe, avec la perspective d'un abime sous
« soi, et forcé de tailler ces espèces d'escaliers.
« Enfin, à force de persévérance, j'atteignis la
« Roche-Rouge. Oh ! me dis-je, nous y sommes
« presque ; d'ici là (sur le Mont-Blanc voulais-je
« dire), plus rien qui nous empêche : tout uni
« comme une glace, plus d'escaliers à faire ; mais
« j'étais transi de froid et presque mort de fati-
« gue et de faim. Il était tard ; je dus descendre,
« mais, cette fois, avec la certitude d'y remonter

« au premier beau temps et d'y réussir. Lorsque
« j'arrivai chez moi, j'étais presque aveugle.
« Après m'être quelque peu restauré, j'allai me
« coucher à la grange, où je suis resté quarante-
« huit heures endormi (1). »

Cette tentative s'était effectuée les 8, 9 et 10
juillet 1786.

---

(1) Transcrit textuellement sur des notes laissées par Balmat
à ses héritiers.

*

III

Après quelques jours d'un repos indispensable, Balmat comptait remonter seul au Mont-Blanc; il était désormais bien sûr de réussir. Mais, se dit-il, si je n'y laisse quelque trace, visible de Chamonix, qui me croira? Ce ne seront pas les guides qui ont échoué jusqu'ici dans la même entreprise; ce ne serait pas davantage ceux qui, ne connaissant aucunement la montagne, rient de mes tentatives et me plaisantent déjà sur mon utopie de vouloir mettre le pied sur la *Taupinière Blanche* (1).

Ces réflexions étaient justes : il fallait pouvoir faire constater le fait, ou passer pour fanfaron, et la chose était aussi difficile que nécessaire.

Il ne viendra à la pensée de personne qu'un homme seul, déjà chargé de ses provisions et vêtements indispensables de rechange, puisse por-

---

(1) C'est le nom que les habitants donnèrent ironiquement à la redoutable coupole.

ter sur la cime du Mont-Blanc un objet quelconque qu'on pût discerner de Chamonix d'où il n'est possible d'apercevoir un homme qu'à l'aide d'un puissant télescope.

Après des hésitations bien concevables, Balmat résolut de faire part de sa découverte au docteur Paccard, et de l'associer à son projet.

La proposition de Balmat fut d'autant mieux accueillie par Paccard, qu'il était lui-même un amateur décidé de ces sortes d'excursions hasardeuses. Dans ce temps-là, Paccard, savant médecin et naturaliste non moins distingué, s'occupait de recherches diverses en histoire naturelle, principalement en botanique et géologie.

Le haut belvédère du Mont-Blanc était donc un site merveilleux pour embrasser d'un coup-d'œil l'ensemble et le détail de la structure des hautes cimes qui entourent le géant des Alpes.

Dès les premiers jours du mois d'août 1786, le temps paraissait favorable. Paccard et Balmat firent à la hâte, et en secret, les préparatifs du voyage; en secret, pour ne pas éveiller l'ambition de concurrents, ou le ridicule s'ils échouaient.

Il fallut bien cependant mettre quelques personnes dans la confidence, afin de les suivre de l'œil sur leur passage et signaler leur succès, ou, en cas d'accident, leur envoyer des secours. Deux

personnes seulement furent initiées à leur plan
à cet effet.

Paccard et Balmat partirent de Chamonix le 7
août 1786, séparément. Ils devaient se rejoindre
au pied de la montagne de la Côte, au-delà du
dernier hameau, afin que personne ne pût devi-
ner leur dessein, chacun portant ses provisions,
réduites au moindre volume possible, comme s'il
ne se fût agi que d'une simple promenade. —
Cette première journée fut à peu près exempte de
dangers et dut se terminer à l'entrée du glacier
qui domine la montagne. Arrivés là, ils choisi-
rent leur gîte sous un grand bloc de rocher, pour
y passer la nuit. — Le lendemain, dès l'aurore,
ils entrèrent sur le glacier qui, en cet endroit,
est hâché de crevasses; il leur fallut un temps
considérable pour tourner les plus larges et fran-
chir les autres, avant d'arriver au pied des Grands-
Mulets. Après quelques instants de repos, ils se
dirigèrent contre le Dôme, décrivant par leur
marche de nombreux zigzags, traversèrent le Petit-Plateau et les avalanches de glace sans acci-
dents et parvinrent au Grand-Plateau vers midi.

Du Grand-Plateau, tirant au sud, ils arrivèrent au pied de la pente de neige rapide où Balmat
avait été forcé de tailler tant d'escaliers dans son
voyage précédent. Quoique la surface de la neige

fût alors ramollie par le soleil, il ne leur fallut
pas moins de deux heures pour l'escalader et arriver sur le Rocher-Rouge (1). Jusqu'alors, la
rareté de l'air et la fatigue seules les avaient in-
commodés ; mais arrivés à ce point, un vent très
froid et très violent du nord-ouest vint s'ajouter à
leur malaise ; il était tel, qu'il arracha le chapeau
du docteur Paccard, quoiqu'il fût solidement at-
taché avec des brides. Cependant toute hésitation
était impossible ; il fallait marcher, sous peine
d'être gelé sur place. De ce point au sommet,
quoique la pente ne soit pas très rapide, la respi-
ration devient haletante et pénible, ce qui, joint
à la fatigue et au froid mortel qu'ils enduraient, à
la violence du vent, qui ralentissait forcément la
marche, rendait leur position infiniment péril-
leuse. Malgré de si puissants motifs de découra-
gement, leur énergie indomptable surmonta tout,
et, à six heures après midi, le 8 août 1786, ils
atteignirent la cime du colosse des Alpes.

_____

(1) Tous ces noms de localités ont été imposés depuis.

IV.

Bien souvent dans l'intimité, Paccard et Balmat ont raconté à diverses personnes les incidents de leur voyage; ils n'avaient pas de mots pour peindre l'extase que leur avait procurée la vue du sublime et vertigineux panorama qui se déroulait à leurs yeux, et la satisfaction non moind grande d'en jouir les premiers.

Cependant, l'heure avancée du jour et une température insupportable les forcèrent bientôt à s'arracher à la contemplation de cette vue incomparable et à battre en retraite. Leur retour, le même jour, à leur gite de la veille, s'opéra en toute hâte et très heureusement.

Il serait difficile, je crois, de se rendre compte de la satisfaction, de l'enivrement que durent éprouver ces intrépides explorateurs pendant cette nuit : leurs noms appartiendraient désormais à l'histoire, et, de leur vivant, de combien de considération et de félicitations ne seraient-ils pas entourés !

Le lendemain matin, Paccard dit à Balmat :

— Mais j'entends gazouiller les oiseaux, et il ne fait pas jour !

— C'est que vous n'y voyez pas : le soleil est levé ; une croûte épaisse de chassie vous rend momentanément aveugle, c'est l'effet de la reverbération du soleil par ces neiges miroitantes ; mais une fois à Chamonix, vous vous guérirez en enduisant le visage de crême ou d'écume de bière. Même chose m'est arrivée plus d'une fois. En attendant, je vais tiédir un peu d'eau ; vous vous laverez, nous déjeunerons ensuite et nous nous remettrons en route.

C'est avec une peine infinie que Paccard parvint au pied de la montagne de la Côte, à cause de l'état déplorable de ses yeux ; mais quelques jours de repos et l'application du remède indiqué par Balmat, firent disparaître entièrement l'inflammation.

V.

Les deux personnes qui avaient été mises dans la confidence de cet heureux voyage s'étaient acquittées à merveille de leur rôle. Tant que les voyageurs n'avaient pas franchi les obstacles jugés jusqu'ici insurmontables, elles gardèrent le secret le plus complet. Mais, dès qu'elles aperçurent, à l'aide de la lunette d'approche qu'avait laissée le docteur Paccard, les deux voyageurs sur le Rocher-Rouge, alors qu'ils allaient atteindre la cime, elles appelèrent l'attention d'un grand nombre d'autres personnes et de quelques voyageurs pour constater, à l'aide de lunettes, la victoire remportée sur le colosse par ces deux intrépides montagnards.

Les jours qui suivirent cet heureux retour durent leur paraître bien doux: ils furent fêtés, félicités et admirés par tous.

Après quelques jours d'intervalle, Paccard rédigea la relation de leur voyage. S'il ne put l'enrichir d'un grand nombre d'observations, ce n'est pas faute de connaissances ; l'incertitude du succès, la spontanéité du départ, le peu de temps qu'ils restèrent sur la cime, et, plus que tout, l'impossibilité d'y porter, à eux deux, des instruments de physique, en furent la cause.

Il était réservé à l'illustre de Saussure, qui fit l'ascension du Mont-Blanc en août 1787, de rendre compte au monde savant de l'intéressante série d'observations que le temps lui permit d'y faire.

Cette première partie de l'existence de Jacques Balmat devait, ainsi que nous l'avons dit au début de cette étude, servir d'introduction logique aux mémoires scientifiques laissés par Saussure, mémoires qui, il faut bien le dire, après plusieurs commentateurs de l'œuvre du célèbre naturaliste, ne font pas une part assez large au hardi montagnard qui lui avait préparé les voies.

Jacques Balmat est bien le chef de cette race d'hommes énergiques qui continuent, depuis lui, à prêter aux touristes le secours de leur force physique doublée par leur adresse et leur connaissance pratique des montagnes. On sait qu'il y a eu et qu'il y a encore sous la veste de bure de ces montagnards des types bien curieux à étudier, des intelligences remarquables, que leur contact avec les amis de la science a singulièrement développées. On pourrait même dire que Jacques Balmat est le chef d'une dynastie de son nom, en rappelant qu'Auguste Balmat, Gédéon Balmat, Jean Balmat, etc., etc., se sont illustrés après lui dans la même carrière.

VI.

Il nous reste à raconter la deuxième et dernière phase de cette vie aventureure en rappelant les tentatives d'autre nature que celles de la simple escalade des cimes ainsi que la fin tragique de cet homme, car la vie de ce premier guide doit appartenir toute entière à l'histoire.

Nous avons laissé Jacques Balmat à l'heure où il accourait à Genève, fier de sa conquête. L'histoire de Chamonix le perd de vue depuis lors, et c'est lui, pour mieux dire, qui fit depuis tout ce qu'il fallait pour échapper à l'histoire.

Le puissant et inimitable conteur qui a écrit le *Voyage en Suisse,* Alexandre Dumas père, a rendu, cependant, quelques heures de célébrité parisienne à Jacques Balmat. Il fit venir à Paris, à ses frais, le guide de M. de Saussure, le promena partout dans les musées, les monuments divers, à l'Opéra et enfin au Diorama de Daguerre. En présence d'un superbe panorama de Chamonix et du Mont-Blanc, Balmat, qui crut la chose réelle, fut pris tout à coup de la nostalgie du pays, avec une telle violence de larmes, qu'il fallut le faire immédiatement repartir pour sa chère vallée.

Jacques Balmat ne voulut pas se contenter de cet horizon ; l'exploitation de son humble héritage ne lui suffit plus : c'est la fortune qu'il rêvait. Nous verrons, dans les lignes qui vont suivre, combien cette soif de l'or lui fut fatale.

Il avait d'abord poursuivi avec une étrange ténacité quelques entreprises commerciales ; ennemi de toute contrainte, ne se ployant qu'avec peine à la sujétion du guide envers le voyageur, il préféra n'opérer que pour son propre compte, et commença une série d'excursions hasardeuses à la recherche des minéraux, des minerais surtout.

En septembre 1834, ayant cru, sur de vagues renseignements, qu'il existait un riche filon aurifère sur le flanc d'une des hautes cimes qui bornent la vallée de Sixt, au nord-est, Jacques Balmat courut à sa recherche ; mais, arrivé près de l'endroit indiqué, il le trouva inabordable : il fallait traverser un effroyable escarpement de rocher, sur une étroite corniche inclinant vers un précipice. La vue de ce danger le glaça, il renonça pour cette fois à le braver. Quelque temps après, s'étant associé à un chasseur de chamois intrépide, ils revinrent tous les deux à la charge, et cette fois, malgré les avis et les prières de son compagnon, il voulut persister ; c'était une fascination.

Il s'aventura sur l'étroite corniche, fit quelques pas, et disparut. Son camarade, éperdu, désespéré, revint seul, dans un état voisin du délire. Aucun secours ne pouvait être utile au malheureux Balmat, sa mort dut être instantanée. Qu'on se figure une chute de plus de quatre cents pieds au fond d'un gouffre encombré de quartiers de rochers et balayé à chaque instant par des avalanches de glace, et on aura une faible idée de cet horrible tombeau !

Dans les premiers temps qui suivirent ce triste accident, on ignorait à Chamonix la plupart de ces détails ; le chasseur qui avait accompagné Jacques Balmat croyait avoir intérêt à cacher la vérité pour n'être pas inquiété par la justice, quoique aucun soupçon ne pût planer sur lui. Des bergers de Sixt avaient bien vu sombrer le malheureux Balmat, mais on leur avait imposé un silence absolu, pour plusieurs motifs, dont la découverte de la précieuse mine était le plus puissant.

Ce n'est donc que sur des données incertaines que les fils de Balmat purent tenter quelques recherches ; elles furent par cela même infructueuses ; mais, eussent-ils même su où était le corps de leur père, jamais ils n'auraient pu le retirer de ce gouffre.

Dix-neuf ans s'écoulèrent sans que personne songeât à entreprendre de nouvelles recherches. La description effrayante que l'on avait faite de l'abîme au fond duquel gisait l'infortuné Balmat et des dangers qu'il fallait courir arrêtèrent les plus braves.

Cependant, vers le commencement de septembre 1853, plusieurs de nos excellents guides, ayant eu l'occasion de voir d'assez près l'endroit d'où Balmat était tombé, recueillirent tous les renseignements qu'ils purent, et, à leur retour de la vallée de Sixt, où ils avaient conduit des voyageurs, ils me proposèrent, à moi et à quelques autres camarades, de faire des recherches pour découvrir, s'il était possible, la dépouille de Balmat, afin de lui procurer une sépulture chrétienne. Cette proposition ayant été accueillie avec enthousiasme, nous partîmes au nombre de dix, le 20 septembre, pour la vallée de Sixt. La compagnie entière des guides, s'il avait été nécessaire, se serait transportée sur les lieux ; mais notre caravane était plus que suffisante : elle réunissait le courage et l'adresse à la prudence.

Nous gravîmes le Brevent, pour descendre dans la vallée de la Diosaz, remonter au col d'Anterne, et redescendre par les chalets de ce nom dans la vallée de Sixt.

Après avoir consulté les deux meilleurs guides de la vallée et noté toutes les indications qu'ils purent fournir sur les passages et les noms des localités à explorer, nous nous acheminâmes vers le fond de la combe.

La vallée de Sixt est profondément encaissée entre de hautes montagnes calcaires, qui tournent contre elle leurs escarpements, excepté au nord-ouest, où elle se relie à celle de Samoëns par un étranglement au fond duquel est tracée la seule route qui y aboutisse; on ne peut en sortir que par des cols très élevés et par des sentiers étroits et rapides.

C'est par l'un de ces sentiers de chamois, qu'à dix kilomètres du principal village de Sixt, nos intrépides guides commencèrent une montée extrêmement rapide et bordée de précipices.

Il leur fallut d'abord gravir des pentes herbeuses, entremêlées de rochers presque perpendiculaires, où ils durent s'aider autant des mains que des pieds; ensuite traverser plusieurs profondes ravines, avant d'atteindre le bas d'une immense avalanche de glace, dominée par un mur de rocher, du haut duquel l'œil peut plonger dans le gouffre horrible qui recélait les restes du premier guide qui posa son pied aventureux sur le Mont-Blanc.

Ce fut avec un sentiment de vive douleur que nos guides contemplèrent l'effroyable abîme où Balmat avait trouvé une fin si funeste. La prudence la plus vulgaire conseillait de ne pas le sonder autrement que des yeux ; car, outre sa profondeur, il s'y engouffre à chaque instant des avalanches de pierres et de glace.

Auguste Balmat, un des petits neveux de Jacques, qui a laissé aussi un nom honorable et vénéré dans la compagnie des guides, voulut se faire attacher à une longue corde et descendre dans le précipice. Il commença à descendre le long de la paroi en glissant à chaque instant sur les schistes pourris qui se détachaient sous ses pas ; mais il n'alla pas loin dans cette audacieuse et trop téméraire tentative, il fit le signal convenu pour se faire remonter et fut embrassé par ses compagnons tous agenouillés sur les dernières pentes du précipice comme on le fait sur le bord d'un tombeau. C'était bien une éternelle tombe que cette suprême expérience venait de consacrer.

Après avoir soigneusement constaté l'identité

des lieux désignés par les renseignements recueillis
la veille, et l'impossibilité de procéder à de plus
amples recherches, nous nous arrrachions à ces
horribles lieux et revenions à Sixt, après avoir
fait un grand détour par le glacier et la pointe
du Roant, jusqu'au col de Chasseroue.

Le lendemain, 22 septembre, nous passions par
les chalets de Sales et l'éboulement pour revenir à Chamonix.

Cependant, pour nous convaincre entièrement
que rien n'avait été négligé et que les renseignements pris étaient exacts, nous voulûmes avoir
un nouvel entretien confidentiel avec le chasseur
qui accompagnait Jacques Balmat dans son dernier voyage.

« J'avais pris un dessin des lieux ; il fut mis
sous les yeux de cet homme qui en reconnut immédiatement les diverses parties et désigna sans
hésitation l'endroit d'où Balmat était tombé. »

Ici finit le récit de Michel Carrier auquel il ne
manque, comme rigoureuse exactitude, que le nom
du chasseur pusillanime qui eut peur d'être inquiété par la justice en révélant dès la première
heure les détails de l'accident dont il avait été le
témoin. Ce chasseur se nommait Pache et il était
Valaisan ; Carrier savait bien ce nom, mais il me
dit, avec un mouvement de dédain, qu'il n'avait

pas voulu l'associer au nom de Jacques Balmat :
Ce nom seul devait passer à la postérité avec sa fin
extraordinaire qui, ajoutait-il, en ferait un héros
de légende, car on se refusa longtemps de croire à
cette mort et on voulait expliquer cette dispari-
tion du célèbre guide par les plus incroyables récits ; Balmat n'avait pas laissé comme Empédocle
de soulier révélateur au bord du gouffre.

Michel Carrier avait un véritable culte pour la
mémoire de Jacques Balmat ; il avait plusieurs
fois essayé de propager l'idée que la Société géologique a pu mener à bonne fin. Je me souviens avoir
biffé, sur le manuscrit de Carrier, une trop préten-
tieuse phrase qui terminait la péroraison de sa
notice : « Plusieurs villes se sont disputé le ber-
« ceau d'Homère, aucune nécropole ne pourra
« revendiquer la tombe de Balmat ; il a eu un
« sépulcre digne de lui et grandiose comme sa
« conquête. »

Michel Carrier, qu'on désignait à Chamonix sous
le surnom du *Topographe*, est le premier inven-
teur et vulgarisateur du plan en relief du Mont-
Blanc et de la vallée ; il vivait de cette industrie,
et c'est sur ses moules et ses maquettes que sont
encore fabriqués les petits plans que l'on vend
dans les cabinets d'histoire naturelle de Chamonix ; c'était aussi un géologue distingué.

Nous devions bien cette esquisse biographique
à l'homme qui a eu le plus de soin de la mémoire
de Jacques Balmat et qui s'était le plus énergi-
quement associé à l'œuvre que la Société géologique a su mener heureusement à terme. Cet
homme, plus habitué à manier le ciseau que la
plume, écrivait avec une facilité étrange ; il m'a
rapporté quelquefois, une heure après ma de-
mande, un document de cinq ou six pages sans
ratures, d'un style abrupte, énergique et surtout
original ; on lui doit la biographie d'un autre
guide célèbre, Marie Couttet. C'était le véritable
écrivain public du pays, son obligeance était aussi
intarissable que sa fécondité ; il est mort pauvre,
il y a une dizaine d'années, victime d'un désinté-
ressement trop absolu.

Après la cérémonie officielle de l'inauguration
du monument de Jacques Balmat, les invités
pourront faire un très pittoresque pèlerinage en
visitant son berceau.

Sur le revers méridional du glacier des Bossons, entre la cascade du Dard et un joli
bois de mélèzes, se trouve un hameau de quelques maisons alignées qui porte le nom du village des Pèlerins ou plus exactement des Pellarins, nom d'une vieille famille éteinte. Un chalet,
composé de deux pièces au rez-de-chaussée et

d'un grenier, est une des maisons de l'avenue. Sur une solive du plafond de la pièce principale sont gravés ces mots :

JACQUES BALMAT A FAIT BATIR

L'AN 1787

Sit nomen Domini benedictum.

C'est probablement, ainsi que la date l'indique, l'année même de son ascension avec M. de Saussure que le guide célèbre rebâtissait sa modeste chaumière. Il comptait sur les produits issus de sa découverte et sur ceux de son petit commerce de minerais et de cristaux, à Genève, pour s'accorder ce luxe relatif; car tous.les témoins de sa vie s'accordent pour lui reconnaître l'esprit d'ordre et d'économie.

Balmat eut quatre fils et une fille. Les garçons héritèrent de la nature ambitieuse de leur père ; ils se sont tous expatriés, les uns pour aller chercher fortune en Amérique, ou pour prendre du service dans les armées étrangères. Le cadet, Gédéon, mort à la Louisiane, a seul laissé des enfants; sa fille Henriette Balmat est morte à Chamonix dans un âge assez avancé.

Le portrait que nous offrons au lecteur a été

lithographié sur une très bonne esquisse faite par Horace Vernet.

On a cité le fait curieux d'une ressemblance assez frappante du célèbre montagnard avec Alexandre Dumas père. C'est surtout, nous le croyons, à cause du teint bronzé et de la nature crépue des cheveux. On raconte à ce sujet que, lorsque Alexandre Dumas vint en 1832 à Chamonix et fit demander Jacques Balmat, les habitants du pays, frappés de la ressemblance, crurent avoir affaire à un des fils du guide revenant d'Amérique.

Nous souhaitons que la publicité donnée à la manifestation si légitime du 10 août 1878 puisse porter aux petits-enfants et aux petits-neveux de Jacques Balmat un écho de l'hommage posthume rendu à leur célèbre aïeul.

STÉPHEN D'ARVE.